# Éditions DIASPORAS NOIRES
www.diasporas-noires.com

©Claudette Duhamel 2022
ISBN version numérique : 9782490931224
ISBN version imprimée :    9782490931231
Date de publication : Février 2022

**Illustration couverture :**
Merci à Pha Thiello, un peintre sénégalais talentueux qui vit aux Iles du Cap Vert. Son contact : +238 913 11 06 email : phathiello@gmail.com

# Claudette Duhamel

# SOIF D'EXISTENCE

## L'abolition de 1848, une liberté illusoire

## Pièce de théâtre

**Collection Racines**

# DÉDICACE

*Je dédie ce livre à la jeunesse militante et éveillée de la Martinique, afin qu'ils investissent la mémoire de leurs ancêtres qui les guidera sur le chemin de la Vie*

# ACTE 1 :
# UN JOUR TANT ATTENDU

## Personnages :

L'ANCÊTRE
JEAN MARIE Esclavagé noir
Victor HUGOLIN homme politique blanc
MARIANNE Femme esclavagée
SIMON Homme esclavagé
LE GÈREUR de l'habitation

# SCÈNE 1

**Prélude**

Le rideau se lève sur un très vieil homme au regard vif se tenant très droit

L'ANCÊTRE
COMPLAINTE

Nègre oublié
Sans passé
Sans histoire
Sans mémoire
Niés !

Nègre occulté
Rejeté
Sans tombeau
Sans oripeau
Sans éternité
Effacé !

Nègre malmené
Sans armée
Sans défense
Sans existence
Déshumanisé

Nègre chosifié
Sans pensée
Sans âme

Sans flammes
Néantisé

Nègre sans effigie
Héros interdit
Tu erres sans fin
Dans les méandres
De l'oubli

Toi qui du néant
Du vide
De l'oubli
A su créer la vie

Toi qui dans les larmes
La souffrance
L'errance
A su garder l'amour

Tu es là debout
Tu attends
Tu guettes
Auréolé de Lumière

La porte de la Liberté
S'ouvre enfin
Sur l'immensité
De ton rêve éveillé

# SCÈNE 2

**Nous sommes le 22 mai 1848.**

La nuit tombe sur un lieu à demi éclairé par un croissant de lune. L'atmosphère est quasi surnaturelle et on aperçoit à peine en toile de fond une plantation de canne sucre.
JEAN MARIE et Victor HUGOLIN se tiennent debout l'un en face de l'autre, comme prêts à une sorte d'affrontement.

JEAN MARIE est un Noir d'environ une trentaine d'années. Les pieds nus, il est vêtu d'un pantalon grossier attaché avec une corde et d'une chemise large trouée. Il porte un coutelas sur ses épaules. L'expression de son visage est à la fois grave et triste. Ses yeux brillent. Il regarde autour de lui comme pour se rassurer qu'il n'y a pas d'intrus qui écoute la conversation qu'il a avec cet homme blanc dont la présence semble incongrue sur cette plantation.

Victor HUGOLIN est un blanc habillé d'un costume européen de l'époque. Il a l'air conquérant et sûr de lui quand il parle, il bombe le torse avec suffisance. Il regarde JEAN MARIE avec un air bienveillant.

HUGOLIN (d'une voie empreinte de compassion)
Ainsi que je n'ai cessé de te le demander JEAN MARIE mon ami, il faut que tu sois patient. La liberté c'est pour bientôt ainsi que te l'ont déjà dit le curé et d'autres hommes politiques de l'ile. Le décret a été pris sous mon impulsion, j'ai en mémoire chaque ligne et je peux te garantir que l'assemblée constituante a pris la mesure de l'injustice que ton peuple a

subie ; d'ailleurs nous disons clairement en préambule que l'esclavage est un attentat contre l'Humanité. C'est pourquoi cette abolition a été décrétée sans période transitoire. Elle sera d'application quasi immédiate, dès que le texte arrivera sur l'ile. C'est une question de jours !

Il faut chasser tes doutes et tes craintes mon cher JEAN MARIE. Tu sais tes maitres me détestent à un point que tu ne peux même pas imaginer et je suis tout aussi inquiet que toi sur un point : il ne faut pas qu'ils nous surprennent en train de nous parler aux abords d'une plantation.

JEAN MARIE (hoche la tête. Il n'a pas l'air convaincu)
Cela fait des siècles que nous attendons. D'autres blancs sont venus avant toi pour nous promettre qu'ils allaient nous obtenir cette libération dont tu parles. Depuis nous ne sommes qu'attente, déception et finalement rage et colère.

Non vraiment, M. HUGOLIN je ne peux pas croire que tu dises la vérité. D'ailleurs comment cette libération pourrait se faire sans que nos maitres ne s'avisent de nous tuer tous avant ? Et crois-moi leur cruauté est sans limites.

En plus, comment vivrons-nous quand ils nous chasseront des plantations. Nous n'avons pas d'argent, pas de terre, rien qui puisse nous permettre de travailler afin de survivre.

Victor HUGOLIN (riant de manière légère)
Mais non, mon ami, tu as trop de crainte et de doutes. Crois-tu que la République que nous sommes en train de constituer laissera tomber ses enfants. Jamais !

Vous ferez désormais partie intégrante de notre peuple. Nous vous accueillerons à bras ouverts. Nous mettrons en place des mécanismes pour que vous puissiez vivre, vous nourrir et vous vêtir en toute liberté... Je suis tellement sincère, qu'imagine mon cher JEAN MARIE, j'ai même obtenu que vos enfants puissent enfin être éduqués. Te rends-tu compte que tes enfants pourront apprendre à lire et à écrire gratuitement, et qu'un jour prochain ils pourront devenir des Messieurs comme ceux que tu vois quand tu descends dans le bourg de ta commune ? Ainsi donc vous passerez de l'inculture à la culture la plus avancée au monde : la Culture française !

JEAN MARIE (semblant brusquement agité)
Je préfère rester sur mes gardes, cher HUGOLIN. Tu n'ignores pas que tu parles à un ancien marron qui a vu tant et tant de perversité chez les blancs, tant de mystifications. Pour moi le mensonge, l'imposture et l'avilissement sont votre apanage. Jamais vous ne nous avez dit la vérité ! Jamais vous n'avez eu pitié ! Tous vos boniments n'ont servi par le passé qu'à mieux nous ancrer dans l'asservissement. Je crains que ton abolition ne soit qu'un cadeau empoisonné qui nous entrainera dans une plus grande désolation et une autre forme d'asservissement.

Victor HUGOLIN (l'air grave et semblant réfléchir)
Encore une fois, je te dis que tu trompes JEAN MARIE ! La Liberté est là, bien présente ! Et je te garantis que tu seras surpris par sa réalité et par notre bienveillance à votre égard. Mais je dois te quitter pour rejoindre mon univers.

JEAN MARIE (avec un sourire un peu figé)
Au revoir et à bientôt cher HUGOLIN. Que la divine providence t'entende, et que tes propos soient sincères, je ne demande que cela. Mais, comme je te l'ai dit, je reste sur mes gardes.

# SCÈNE 3

**Nous sommes le 23 mai, il est près de midi.**

JEAN MARIE, courbé, coupe la canne dans un champ en compagnie de trois autres esclavagés, quand brusquement, surgit devant lui Marianne une esclavagée de maison vêtue d'une grande jupe de couleur grise, d'un corsage défraichi, la tête amarrée d'un foulard noir. Elle est surexcitée.

MARIANNE
JEAN MARIE ! JEAN MARIE ! JEAN MARIE ! Tu ne vas pas croire ça ! Non, tu ne vas pas croire ça ! C'est trop énorme ! Non tu ne vas pas croire !

JEAN MARIE
Calme-toi Marianne, que t'arrive-t-il ? Un malheur n'est pas arrivé ? Non ? Qu'est ce qu'il se passe ? Parle clairement.

MARIANNE (reprenant son souffle)
Je viens d'apprendre une nouvelle… Les nôtres se sont révoltés à SAINT-PIERRE et le gouverneur a signé la libération de tous les esclaves de l'ile. Nous sommes libres ! Libres JEAN MARIE !

MARIANNE (se met à danser)
Libres ! Nous sommes libres ! Tu entends JEAN MARIE ?! Nous sommes libres ! Merci mon Dieu, merci la Vierge, merci les Saints, nous sommes libres !

JEAN MARIE et les autres regardent MARIANNE d'un air interloqué.

JEAN MARIE
Arrête MARIANNE ! Tu dis n'importe quoi ! Comment le Gouverneur a-t-il pu nous libérer comme cela brusquement ? Tu es en train de délirer ma vieille ! Reprends-toi ! Tout le monde va se moquer de toi.

JEAN MARIE (interpelant ses compagnons).
Je crois qu'elle a un problème aujourd'hui.
Elle a dû faire un rêve ! Si ce n'est pas malheureux de dire de telles absurdités ! C'est vrai qu'on nous a parlé d'un document d'abolition qui doit arriver par bateau, mais aucun bateau n'est arrivé hier soir et il n'est même pas sûr que ce papier existe.

MARIANNE (se fâche brusquement)
Mais puisque je vous dis que nous sommes libres ! Je l'ai appris ce matin ! Comme je devais faire une commission pour le Béké ce matin, je suis descendue au bourg et j'ai vu un tas de monde qui dansait près de la mairie et qui criait « vive la Liberté vive la France » !
Je suis allée tout de suite voir Ferdinand, le mulâtre qui travaille à la mairie, et il me l'a confirmé. Il avait l'air très excité et très content.
Arrivent en dansant d'autres esclavagés, sans leurs outils de travail et qui crient à tue-tête « nous sommes libres, nous sommes libres » !

JEAN MARIE
Comment ça ?

SIMON
Le 22 mai, nos frères de SAINT PIERRE et du PRÊCHEUR se sont fâchés parce que le maire de SAINT PIERRE avait mis

en prison un des nôtres qui avait joué du tambour dans une habitation du PRÊCHEUR Les autres sont alors descendus à SAINT PIERRE pour exiger sa libération et ont été soutenus par nos frères de SAINT PIERRE. Face à leur détermination, la Mairie a été obligée de le libérer. Mais alors qu'ils remontaient vers le PRÊCHEUR, ils ont été attaqués par des soldats qui se sont livrés sur eux à un véritable massacre. Une centaine d'esclaves ont perdu la vie. Alors la révolte a éclaté à SAINT-PIERRE et au PRÊCHEUR où, après avoir brulé plusieurs maisons, les esclaves ont exigé notre libération immédiate.

Ils étaient tellement déterminés que le gouverneur, qui était monté à SAINT-PIERRE pour soutenir les Békés, a été obligé de signer le document de libération ce matin. La nouvelle s'est répandue dans tout le pays et ce midi le Maire de la Commune nous a annoncé cette libération.

Oui c'est bien vrai ! Nous sommes libres ! Libres ! Libres !

JEAN MARIE

Je n'arrive pas à croire cela. Hier encore, je doutais que ce fût possible que les colons daignent nous libérer et c'est arrivé aujourd'hui comme ça grâce à la révolte de nos frères !

MARIANNE

Ça ne m'étonne pas de toi !

Tu doutes de tout depuis qu'ils t'ont arrêté et torturé avec tes camarades pour avoir marronné. Tu as de la chance que c'était la première fois sinon au lieu de cette belle fleur de lys que tu portes sur les épaules, tu aurais été pendu, pauvre JEAN MARIE !

Mais aujourd'hui, c'est vrai mon cher JEAN MARIE nous sommes libres ! Libres ! Tu entends, nous sommes libres !

Elle entraine JEAN MARIE dans une danse endiablée.

Brusquement surgit LE GÈREUR de l'habitation.

LE GÈREUR
Hé la négraille ! Que vous arrive-t-il ? Vous êtes devenus fous ? Pourquoi n'êtes-vous pas au travail ? Que se passe-t-il là ?

MARIANNE (se précipitant sur LE GÈREUR et le repoussant violemment)
Que se passe-t-il ? Que se passe-t-il ? Tu ne le sais pas ? Eh bien, Monsieur LE GÈREUR d'habitation nous sommes libres ! Libres ! Monsieur LE GÈREUR de merde, sous merde du Béké, va voir ton maître et dis-lui que nous sommes libres.

Les autres entourent LE GÈREUR et le poussent à droite et à gauche.

MARIANNE
Sors devant nous, fils du Diable, avant que nous ne te fassions un sort ! Disparais, nous sommes libres ! Tu ne sers plus à rien.

S'ensuit une bousculade. LE GÈREUR malmené parvient tout de même à s'enfuir sous les rires des esclavagés.

JEAN MARIE se retire incapable de participer pleinement à la liesse.

JEAN MARIE (se murmurant à lui-même)
Oh source de toute vie ! Fasse que ce soit une vraie liberté qui nous apportera la paix, sinon toute désillusion sera trop rude pour nous et nos enfants.

Fin

# ACTE 2
# L'ORAGE GRONDE

## Personnages :

L'ANCÊTRE
JEAN MARIE
ROSE, son épouse
FERNAND 1$^{er}$ fils
OCTAVE 2$^{ème}$ fils
OCTAVIA 1$^{ère}$ fille
JUSTIN 3$^{ème}$ garçon
ADÈLE 2$^{ème}$ fille
ANTHENOR ouvrier agricole ami de la famille

# SCÈNE 1

L'ANCÊTRE

Mes enfants désespérés,
Mystifiés par un mirage de liberté
Souffrent dans leur âme
Dans leur chair.
Les larmes de leur désespoir
Inondent mon esprit attristé
Ils se brûlent chaque jour
Dans l'enfer de la plantation
Leur cœur est pénétré
Des miasmes de la haine
Qui obscurcissent leur vision
Une douleur lancinante
Pénètre au fond de leur être
Et trouble leur esprit
Vengeance, violence, mort !
Mes enfants sont dans la tourmente
Destructrice
L'orage gronde
Le fiel mortel instillé par le criminel
Va s'épandre et les emporter
Dans les méandres pernicieux
Et délétères de l'oppresseur.
Mes enfants, je panserai vos plaies
Afin que la mémoire
Des crimes subis
Devienne le ciment
Pour restaurer
L'amour et l'harmonie

**Nous sommes dans la petite case de JEAN MARIE**

Elle comporte deux pièces sommairement meublées et un aménagement jouxtant la case servant de cuisine. Il est environ 19 heures, et la salle principale est éclairée par une lampe à pétrole à la flamme vacillante.

JEAN MARIE et son épouse ROSE sont assis devant l'unique table de la pièce en compagnie de leurs. Cinq enfants : 3 garçons : FERNAND, OCTAVE et JUSTIN âgés respectivement de 20 ans 18 ans et 11 ans, deux filles OCTAVIA et PAULINE âgées respectivement de 19 ans et 4 ans.

ROSE semble épuisée. Brusquement elle tape sur la table faisant sursauter son époux qui la regarde d'un air outré et interrogatif.

ROSE
Je ne suis pas parvenue à inscrire JUSTIN à l'école à cause du montant de la taxe et parce que notre case est trop loin de l'école. C'était sa dernière chance de bénéficier de l'instruction. L'année prochaine il aura 12 ans. Ces gens-là nous avaient promis l'école gratuite et maintenant chaque année ils mettent des conditions pour nous empêcher de mettre nos enfants à l'école. Déjà je n'ai pas pu y mettre les trois premiers parce que nous avions encore besoin d'eux dans les champs et maintenant ils sont en train de vivre la même situation d'ouvriers agricoles sous-payés que nous.
J'espérais que JUSTIN pourrait lui au moins apprendre à lire et à écrire, et aurait eu une instruction qui lui aurait permis de sortir de l'enfer de cet esclavage.

Au lieu de cela on lui offre d'aller dans des ateliers d'agriculture qu'ils ont ouverts pour apprendre nos enfants à mieux servir les Békés.

JEAN MARIE (hochant la tête, il semble avoir du mal à prendre la parole)
C'est bien vrai ce que tu dis ROSE. Je l'avais craint dès le début, nous avons été bel et bien couillonnés par ces messieurs de la France. Rien n'a vraiment changé et nos conditions de vie matérielles semblent même plus rudes qu'avant ! Nous ne parvenons pas à vivre avec le maigre salaire versé avec parfois beaucoup de retard par le Béké et le petit jardin que nous avons derrière la maison est insuffisant pour nous permettre de nourrir notre progéniture. Notre soi-disant libération n'a profité qu'à nos tortionnaires qui continuent de nous exploiter comme avant.

FERNAND (d'un ton hargneux)
Nous pouvons les faire partir et en finir avec eux ! Pourquoi est-ce que nous leur avons laissé les terres et avons continué à travailler pour eux ? Pourquoi les Békés qui ont commis le crime d'esclavage sont-ils restés nos maitres plus puissants que jamais ? Et pourquoi ont-ils…

ROSE (l'interrompant)
Tais-toi ! Déjà que nous avons eu plein de problèmes avec toi, car tu refuses de marcher avec ton livret de travail et ton livret de circulation, nous obligeant à chaque fois à nous déplacer à la Gendarmerie pour te les amener afin de t'éviter de rester dans les locaux de ces messieurs.

FERNAND (se levant vivement)
Et je continuerai ! Je trouve inadmissible qu'on nous dise que nous avons été libérés et que la Maréchaussée passe son temps à nous pister et à nous condamner pour vagabondage sous

prétexte de non-port d'un livret ou d'un passeport. Ce n'est pas être libre cela. Quand vous étiez esclaves, vous circuliez plus librement. Aviez-vous besoin de ces papiers ridicules ? NON…

JEAN MARIE (lui coupant la parole)
Mon fils peut-être circulions nous plus facilement d'une habitation à l'autre, mais nous devions établir à quel maitre nous appartenons et nous devions avoir un permis. Et puis il ne faut pas comparer ces deux situations, avant nous étions souvent fouettés, privés de nourriture pour des fautes parfois vénielles, nous n'avions même pas le droit de regarder le maitre en face. Tu n'as pas connu cette époque terrible faite de tortures atroces. Une époque où régnaient la peur et le désespoir tant la cruauté des maitres était féroce. C'est vrai que les Békés sont encore tout puissants, ils disposent de l'armée, de la justice et de l'appui de la France à tous les niveaux, ce qui les rend tellement arrogants et méprisants que c'est à peine supportable. Mais nous sommes loin des brimades physiques qui ont marqué tant d'innocents parmi les nôtres.

OCTAVE 2$^{ème}$ fils (avec véhémence)
Justement, parlons-en des mauvais traitements ! On ne nous fouette pas sur les habitations, mais on nous frappe cruellement dans les gendarmeries, on nous brutalise et on nous jette en prison et exige que nous payions des amendes ou alors que nous travaillions pour les blancs sans salaire pour soi-disant payer impôts et taxes !
Ce travail qu'ils nous forcent à faire sans salaire n'est-ce pas de l'esclavage ? Et c'est pire ! Puisqu'avant ils nous nourrissaient pour le faire alors qu'aujourd'hui nous travaillons pour eux le ventre vide, mais toujours sans salaire.
Malgré notre mobilisation, ils ont condamné lourdement LUBIN pour avoir voulu rendre coup pour coup. Le Béké a été

absout pour avoir roué LUBIN de coups tout simplement parce qu'il ne lui avait pas cédé le chemin et ne l'avait pas salué. LUBIN sera déporté pour avoir répondu. C'est une injustice trop criante ! Combien de méchancetés allons-nous encore tolérer de la part des blancs ?

Je suis désolé mon père, mais nous n'avons pas vu la fin de cet esclavage après plus de 20 ans d'abolition. Je n'en peux plus ! Il faut que ça change !

OCTAVIA baisse brusquement la tête et semble se recroqueviller sur elle-même. Elle pleure doucement.

JEAN MARIE
Qu'y a-t-il ma fille ? Tu ne peux pas dire que, toi aussi, tu subis de mauvais de traitements ? J'ai pu obtenir du GÈREUR que tu sois placée comme domestique dans la maison de Monsieur DE MEDEUX où tu es bien traitée. On m'a dit que tu étais une cuisinière hors-pair et que M. DE MEDEUX n'avait qu'à se louer de tes services. À ce jour, tu ne nous as causé aucun ennui. Tu ne vas pas commencer comme tes rebelles de frères qui ne cessent de faire des provocations…

OCTAVIA (gardant la tête baissée et parlant de manière hachée)
C'est que la situation est bien difficile pour nous tous, j'en ai conscience et que je ne me sens pas à l'aise là où tu m'as placée.

J'aurais préféré aller à la ville et faire couturière comme ma cousine au lieu de passer mon temps dans la cuisine de M. DE MEDEUX.

ROSE l'interrompant
Ah les filles ! Elles ne sont jamais contentes de leur sort ! Toujours à se plaindre ! Tu aurais pu te retrouver à travailler dans les champs comme moi. Tu aurais vu si tu aurais eu le

temps de te plaindre de quoi que ce soit à travailler matin et soir et à ne pas parvenir à te redresser à la fin de la journée. Tu n'es pas à plaindre ma fille, nous avons fait ce qu'il y avait de mieux pour toi.

JEAN MARIE (prenant la parole après un long silence)
Je comprends la colère de mes fils de même que l'amertume de ma fille. Moi-même, j'ai ces sentiments au fond de mon cœur depuis le jour où je me suis rendu compte de ce qu'il n'y avait pas à espérer de jour meilleur venant des hommes politiques français et encore moins des Békés.
Mais j'ai entendu dire que la France est en train de perdre la guerre contre les Prussiens. Cela entrainera peut-être de grands changements dans notre situation. Le moment est peut-être venu de nous lever contre ce système d'oppression que nous subissons… Nous verrons bien. En tout cas, gardons espoir. La liberté est peut-être pour demain.

# SCÈNE 2

**Le jour se lève sur la case de la famille.**

Octavia, l'ainée est déjà à la tache dans la cuisine. Elle prépare les gamelles pour toute la famille avant d'aller travailler. Le père et les frères ont en train de travailler dans le jardinet attenant tandis que la mère s'affaire pour leur préparer vêtements et outils. Brusquement on frappe à la porte. ROSE ouvre. ANTHENOR un ami de JEAN MARIE se tient sur le pas de la porte.

ROSE
Bonjour ANTHENOR, tu es bien matinal ! Mais entre !

ANTHENOR
Bonjour mes amis. Je viens d'apprendre une nouvelle extraordinaire. Il paraitrait que la France a perdu la guerre et que leur empereur a été mis en déroute. Ils vont bientôt nous annoncer la victoire de la République. Les choses vont changer pour nous.

ROSE
Ce n'est pas possible ! je ne peux pas croire cela !

ANTHENOR
La situation est grave tout bonnement pour ces Messieurs. Les ouvriers agricoles, déjà mobilisés contre l'injustice commise contre LUBIN sont en train de se réunir pour préparer la révolte. Il nous faut les rejoindre. Vite ! Vite ! Ça va péter.

JEAN MARIE et ses deux fils se sont rapprochés

JEAN MARIE
Es-tu sûr de ce que tu dis ANTHENOR ? Ne nous raconte pas n'importe quoi, c'est trop important.

ANTHENOR
Je vous assure que c'est vrai. La France a perdu la guerre et ils ont proclamé la République. Il faut que nous entrions en action pour que les choses changent. Que nous exigions qu'ils libèrent EUGÈNE. Les ouvriers de l'habitation DE MEDEUX sont surexcités. Ils vont passer sur toutes les habitations avec les autres pour donner l'alarme, ils vont se révolter contre les Békés ; ça va péter je vous dis. Même les Nègres Congo sont déterminés à venir avec nous. Ils en ont assez de l'esclavage qu'ils subissent. Cela fait des mois qu'ils n'ont pas perçu le salaire ridicule qu'on leur doit. Ils disent qu'ils n'ont plus rien à perdre et que si ça continue, ils vont mourir de faim et de maladie comme les coolies qui eux sont si maltraités, si misérables et dénutris qu'ils ne réagissent même plus à rien.

OCTAVIA (sortant de la stupeur dans laquelle la nouvelle l'avait mise)
Alors, il nous faut impérativement les rejoindre. Moi-même je n'irai pas travailler dans la cuisine de M. DE MEDEUX. Je vais rejoindre mes frères, et s'il le faut, mettre le feu dans toutes les plantations des Békés.

JEAN MARIE (interdit et regardant sa fille avec les yeux ronds)
Tu as perdu la tête ma fille ! Tu te vois vraiment aller participer à une révolte avec des coutelas et mettre le feu partout ? Ce n'est ni ton rôle, ni ta place. Il te faut être raisonnable.

Sans répondre, OCTAVIA prend la direction de la porte, ses frères tentent de l'arrêter, mais elle se débat.

FERNAND
OCTAVIA as-tu oublié que tu es enceinte ? Que dirait Montfort ? C'est aussi son enfant que tu portes ! Tu ne pourras pas mener de lutte dans ton état. Pourquoi es-tu si déterminée, alors que tu devrais rester à la maison prendre soin de maman et des petits et surtout préserver ton futur enfant.

OCTAVIA (tentant de se dégager)
Justement ! C'est pour lui que je vais me battre, pour lui principalement. Si je reste ici et que je ne peux pas y participer, je me tuerai. Il faut que j'agisse, car c'est pour moi l'heure de ma revanche.

ROSE
De quoi tu parles ma fille ? Contre qui dois-tu prendre une revanche alors que tu attends un enfant d'un homme respectable qui a promis de te mettre en case et de prendre soin de l'enfant ?

OCTAVIA *(hurlant)*:
C'est pour lui aussi que je dois me battre puisque j'ai été déshonorée par un de ces diables de blancs. Par ce maitre qui vante à mon père mes mérites de cuisinière et qui a abusé de moi. Oui ! Il faut que vous sachiez que je ne sais pas qui est le père de cet enfant que je porte ! Jusqu'à maintenant je n'ai rien dit, mais aujourd'hui je vous confesse mon malheur. Je souffre terriblement et je dois agir contre l'injustice qui m'est faite à moi et à Montfort.

Tous les membres de la famille sont interloqués. Les frères la lâchent, Octavia en profite pour s'enfuir rapidement.

Les hommes, comme dans un rêve éveillé, s'asseyent comme s'ils portaient un poids sur les épaules. C'est JEAN MARIE qui le premier se reprend.

JEAN MARIE
Eh les hommes ! Depuis le temps qu'on attend ce moment ! Debout, debout ! Allons les rejoindre ! Il nous faut régler nos comptes ! Il faut que ça change pour nous. Notre heure est enfin arrivée ! Il est temps d'exiger le départ de ces sangsues de Békés et la récupération de toutes les terres. C'en est fini de cet esclavage qui ne veut pas mourir.
Rose, tu prends soin des enfants. Non, pas toi JUSTIN, tu n'as que 11 ans, je t'interdis de sortir de la maison. Au contraire, veille sur ta petite sœur et aide ta maman dans les travaux du jardin. Il faut rester à la maison, car je sens que ça va chauffer.

ROSE hoche la tête abasourdie par toutes ces informations qui lui sont tombées dessus.
Dans un branlebas de combat, les hommes sortent munis de haches et de coutelas.

Rose hausse les bras d'impuissance.

ROSE
Seigneur, prenez bien soin de ma famille, gardez-les contre les bêtes féroces qu'ils vont affronter. Renvoyez-les moi vivants je vous en supplie !

Fin

# ACTE 3 :
# LE PRIX DE LA LIBERTÉ

## Personnages :

L'ANCÊTRE
JEAN MARIE
ROSE son épouse
JUSTIN 3$^{\text{ème}}$ garçon
FERNANDE la voisine
ANGÉLINA la compagne de combat de JEAN MARIE

# SCÈNE 1

L'ANCÊTRE

Que de crimes
Que de tortures
Inutiles !
Oh mon enfant !
Dans ces jours de tempête
Rôde l'ombre de la mort
Qui recouvre tes espoirs, tes rêves
Ton cri est désormais muet
Ton regard se perd
Dans un horizon de haine
Tes pleurs ont séché
Par la violence
Du vent de l'iniquité
Tes plaies béantes
Sont exposées
Aux vautours affamés.
La vengeance a été vaine
Les espoirs illusoires
Mais il te reste la force
Ma force
Celle qui au milieu
De la prison de verre
Qui rythmera ta vie
Te guidera surement
Vers la paix de l'âme

## Nous sommes le 25 septembre 1870 dans la case

ROSE est seule en compagnie des deux enfants.

ROSE
Seigneur ça fait maintenant quatre jours qu'ils sont partis et je n'ai aucune nouvelle. Que leur est-il arrivé ? J'ai vu au loin tant d'incendies et entendu tant de coups de feu ! Seigneur préservez ma famille…

Elle serre contre elle son fils de 11 ans, qui se tient debout à côté d'elle.

On frappe à la porte. ROSE se précipite pour ouvrir.

ROSE
Ah ! C'est toi Man FERNANDE !

FERNANDE
Bonjour ma chère, je viens t'apporter des nouvelles, je sais que JEAN MARIE et tes enfants sont partis pour se joindre à la révolte et, comme tu peux l'imaginer, tout le bourg est en ébullition. Malgré mon grand âge ou sans doute parce qu'on ne se méfie pas d'une vieille femme, je suis parvenue à m'approcher du bourg hier et en passant comme ça j'ai eu quelques bribes d'informations qui m'ont été données par quelques-uns des hommes en révolte. Il parait que nos hommes sont vaillants et qu'ils ont fait des ravages. Dès la première nuit, ils ont mis le feu à plusieurs habitations. J'ai appris qu'un nombre important de Nèg Congo ont rejoint la cause. De même plusieurs femmes, dont ta fille, sont bien présentes dans cette révolte et font beaucoup de dégâts.
Le pays est à feu et à sang. Les ouvriers agricoles des autres communes ont rejoint ceux de chez nous.

Ils ont demandé que la terre leur soit restituée et que les Békés partent du pays qu'ils veulent désormais diriger. Il semblerait même que le Maire, et les représentants des forces de l'ordre ont discuté avec eux dès le début des combats. N'ayant rien obtenu, ils ont continué la nuit suivante à incendier les habitations des Békés.

Ma chère, figure-toi qu'ils auraient même attrapé le Béké qui avait fait condamner LUBIN et l'auraient tué. C'est bien fait pour lui ! C'est à cause de lui qu'on a condamné LUBIN si lourdement. Nous sommes au combat je te dis ! Il ne faut pas avoir du chagrin comme ça !

C'est vrai que si je suis venue vers toi aujourd'hui, c'est que je crains quand même un peu pour nos combattants. Le bruit court que le Gouverneur avait fait venir un nombre important de soldats et de gendarmes. À ce qu'il parait, il y aurait même des mulâtres de la capitale qui se sont armés et organisés pour se battre contre nous. C'est donc des dizaines de milliers de soldats et de traitres qui s'apprêtent à s'attaquer à nos hommes et à les massacrer.

ROSE (semblant inquiète)
Es-tu certaine de ce que tu dis ?

FERNANDE (secouant la tête)
La rumeur s'est répandue dans le bourg et j'ai même appris qu'il y aurait des traitres parmi eux. C'est une question d'heures. Je suis désolée ROSE, mais je ne peux pas te mentir. Il vaut mieux que tu sois prévenue. Mais il faut continuer d'espérer, car presque tous les ouvriers agricoles des communes du Sud sont acquis à notre cause et commencent à organiser ceux des communes du Nord. Ils sont nombreux et je pense qu'ils pourront résister, s'ils sont bien organisés.

Cette fois-ci, Rose pleure sans retenue son visage est déformé par la peur et le chagrin. Son jeune fils court partout et semble vouloir quitter les lieux.

ROSE
Mais ils ne sont pas organisés pour lutter contre ces criminels ! Cette révolte a été décidée trop hâtivement, sans organisation. J'ai peur. Tellement peur pour mes enfants et JEAN MARIE ! S'ils devaient mourir, je ne pourrais pas survivre à un tel malheur. Je ne cesse de prier depuis leur départ.

FERNANDE
Je reste avec toi ce soir ma chère. Comme tu sais, je suis toute seule dans ma case. Ça fait longtemps que ces chiens ont vendu tous mes enfants et je n'ai jamais vécu avec aucun homme. Nous allons veiller et prier pour que la divine providence protège nos enfants et te rende ta famille.
Les deux femmes se dirigent vers l'intérieur de la case.

# SCÈNE 2

**Nous sommes le 26 au soir, la nuit tombe.**

Brusquement, on entend un bruit sourd contre la porte d'entrée de la case de Rose.

FERNANDE, malgré son grand âge, se précipite à la porte ou se tient debout JEAN MARIE. Il a du sang sur ses vêtements déchirés, il semble hagard. À ses côtés se tient une grande femme vêtue d'une grande robe de couleur sombre indéfinissable, la tête attachée avec un foulard. Rose se précipite vers JEAN MARIE et l'entoure de ses bras.

JEAN MARIE
(Faisant signe à ROSE et FERNANDE de se taire et parlant à voix basse)
Les soldats français nous recherchent, Angélina, une de mes compagnes de combat et moi sommes parvenus à fuir, en utilisant des chemins connus de moi seul.
Ils ont attaqué avec une extrême violence… Beaucoup des nôtres sont morts et la plupart ont été arrêtés. Je suis légèrement blessé. Une balle m'a éraflé l'épaule. Non ! Non ! ROSE, je ne sais pas où sont les garçons. Ils étaient dans une autre division avec SAINT ANGE. Par contre je dois te dire que notre fille a été arrêtée. Elle n'est pas parvenue à me suivre, sans doute gênée par sa grossesse.

ROSE (poussant un cri de douleur)
Tu n'as pas pu protéger notre fille ! Tu as laissé ces chiens enragés l'arrêter ! Ils vont la faire souffrir, je le sais. Ma petite

fille, comment as-tu pu ? Elle n'aurait jamais dû combattre avec vous. Elle n'avait pas l'habitude de la violence. Elle ? Si posée si réfléchie ! Non, je ne te pardonnerai jamais si on lui fait du mal ou si on la tue. Tu aurais dû la convaincre de ne pas vous suivre, de ne pas vous accompagner dans votre révolte.

JEAN MARIE
Rien n'aurait pu arrêter Octavia et tu le sais. Tu as vu sa détermination. Elle était prête à se sacrifier pour se venger des humiliations que lui ont fait subir les blancs. Tu ne peux me rendre responsable de la volonté inflexible de notre fille. J'espère qu'ils auront pitié d'elle et qu'ils ne lui feront pas de mal ; mais ils sont tellement cruels !

ROSE (semblant désespérée)
Dieu t'entende JEAN MARIE. Qu'allons-nous faire maintenant ?

JEAN MARIE
Hélas ! Ma chère, pour moi le temps presse. Tu as compris que je ne peux pas rester à la maison, sinon ils vont me retrouver et certainement me tuer.
Je suis venu ici très rapidement pour te dire adieu et embrasser une dernière fois mes enfants.

ROSE (portant son regard sur Angélina)
Elle t'accompagne dans ta fuite ?

JEAN MARIE
C'est une jeune guerrière hors-pair, elle ne me gênera pas, car elle est aussi rapide et forte que moi. Si les Français l'attrapent, elle sera, elle aussi, jetée en prison alors nous partons ensemble.

ANGÉLINA
Mme Rose, il nous faut trouver le moyen de quitter l'ile de toute urgence. Il vous faut nous aider.

ROSE
Mais comment ? Je ne connais aucun moyen !

ANGÉLINA
Je pense que sans le savoir vous pouvez nous apporter cette aide. Mme ROSE, pouvez-vous nous donner le nom d'une personne qui n'est pas impliquée dans cette lutte et que la Maréchaussée ne soupçonnera pas de nous cacher quelques jours ? Juste le temps que nous organisions notre fuite vers une des iles voisines.

ROSE (avec précipitation)
Je ne connais personne dans cette situation !

FERNANDE (d'un ton décidé)
Tu me connais moi ! Je vis seule depuis toujours, je n'ai pas d'enfant, je n'ai aucune attache et tout le monde me prend pour une vieille folle inoffensive. Je suis la personne idéale. Et je dois ajouter que je serais ravie de participer enfin à cette cause et cacher un vaillant combattant qui s'est battu pour donner à nos enfants une vie meilleure.

JEAN MARIE (le visage éclairé embrasse la vieille dame)

FERNANDE *(riant)*
Lâche-moi ! Tu vas me briser tous les os !

JEAN MARIE
Merci, merci Man FERNANDE, tu es vraiment la personne que nous cherchions ! Personne ne viendra me chercher chez

toi et nous serons tranquilles pour attendre le moment propice pour mettre au point notre fuite vers l'ile voisine. Allons-y tout de suite. Il ne faut pas attendre, car ils doivent maintenant savoir où j'habite et ils ne vont pas tarder à arriver ici.

ROSE, je suis obligé de partir, mais je sais que tu vas tenir bon, car tu es une femme solide. Tu es courageuse. Je ne suis pas parvenu à te donner la vie que je t'avais promis, mais tu sais que tu es la femme que j'aime celle que j'ai choisie pour m'accompagner sur les chemins difficultueux de la vie. Je ne t'oublierai jamais. Je sais aussi que tu prendras soin des enfants qui sont près de toi et du bébé que tu portes. Prie pour OCTAVIA et pour nos deux fils... J'espère qu'un jour je pourrai de nouveau vous serrer dans mes bras.

JEAN MARIE serre son épouse dans ses bras, et sort en compagnie d'ANGÉLINA.

La mort dans l'âme, Rose regarde partir son compagnon de toujours, en compagnie de cette grande et belle femme.

# ACTE 4 :
# LE CHEMIN DE LA LIBERTÉ

## Personnages :

L'ANCÊTRE
JEAN MARIE
Victor HUGOLIN

# SCÈNE 1

L'ANCÊTRE

Mon enfant
Je veux que tu saches
Que je suis le guerrier silencieux
Tapi dans ta conscience
Présent dans ton cœur
Toujours prêt à bondir
Fourbissant ses armes
Dans un monde hostile
Les dénis de l'histoire,
Les mensonges
L'invitation à l'oubli
Les verrous mentaux
Les décérébrations
Ne sauront m'effacer de ta mémoire.
Bravant tous les silences
Et autres barbaries
Tu traverseras les siècles
En quête de justice
En soif d'existence
Et tu gagneras
Ton combat pour
Que triomphe la vérité et
Advienne l'humanité.

**Nous sommes quelques années après les évènements de septembre 1870.**

Au milieu de nulle part, dans lieu baigné d'une lumière irréelle JEAN MARIE et HUGOLIN sont de nouveau face à face.

Victor HUGOLIN
Pourquoi ? Pourquoi as-tu participé et, selon certains, même organisé une telle rébellion contre la France et les Békés ? Pourquoi avoir entrainé avec toi des hommes et des femmes d'un naturel doux et qui se sont trouvés pris dans une spirale de violence. Des familles entières ont été décimées à cause d'hommes comme toi !
Je réprouve un tel comportement, je te le dis comme je le pense. Tu n'aurais pas dû t'en prendre de la sorte aux planteurs et aux forces de l'ordre de la France.
Je me suis battu pour faire libérer ton peuple. Tu ne peux le nier, j'ai dû subir beaucoup de brimades à cause de mes prises de position anti-esclavagistes. J'ai tout essayé et ça aussi tu le sais, pour tenter d'obtenir une réparation pour vous, mais je ne suis pas parvenu à faire entendre ma voix.
Cependant, j'ai œuvré pour obtenir un décret permettant à vos enfants d'aller à l'école laïque et publique.
Oui, j'ai agi pour le bien commun de la France et du vôtre.

JEAN MARIE (posant sur HUGOLIN un regard dur)
Je comprends enfin ta démarche et celles de tes amis républicains.
En fait, tu crois que c'est vous qui nous avez libérés en 1848 et que nous n'avions pas le droit de nous révolter en 1870 contre votre système encore esclavagiste.
Tu estimes que c'est vous qui devez décider à notre place de ce qui est bon pour nous, au prétexte que nous n'aurions pas les capacités de décider nous-mêmes de notre sort.

Ainsi vous continuez à nier notre humanité et à nous traiter encore comme des biens meubles, soumis à vos lois scélérates et au diktat des Békés !

Et tu trouves cela formidable, tu te considères comme un grand humaniste !

HUGOLIN (se redressant)

Comme tu te trompes JEAN MARIE ! J'offre à ton peuple de participer au meilleur régime que l'humanité n'ait jamais connu : celui de la démocratie. Est-ce que tu réalises que vous allez voter pour choisir les gouvernants de la France !

La République française vous offre la liberté, l'égalité, mais aussi la fraternité, ce qui te donne la garantie que plus jamais ton peuple ne subira d'esclavage.

JEAN MARIE

Penses-tu vraiment qu'après que vous nous ayez fait souffrir 4 siècles de tortures et d'humiliation, nous devrions accepter votre offre de nous fondre dans votre moule civilisationnel qui prône la citoyenneté, la démocratie et l'égalité, mais qui pratique la barbarie ?

Tu crois vraiment qu'un être humain, au sortir d'un drame humain aussi terrible, peut guérir ses plaies et effacer de sa mémoire les stigmates de tant de souffrances pour épouser les valeurs d'une société qui persiste à nier son humanité ?

Ta proposition se heurte à une vérité incontournable : Nous ne sommes pas des sous-humains. Nous sommes des êtres humains avec une civilisation, une histoire, une culture qui nous est propre et qui s'oppose à la vôtre.

En effet, Notre civilisation ne défend pas la prédation, mais manifeste l'Unité, l'Amour, la Vie tandis que vous, vous avez choisi la division, la prédation, la mort

En 1848, ce que nous voulions au sortir de l'enfermement esclavagiste, c'était de nous retrouver et reconstruire une société juste.

C'est pourquoi je me suis battu lors de cette insurrection contre l'ordre injuste que vous avez établi après l'abolition l'esclavage. Le prix à payer a été lourd, mais je suis fier de pouvoir dire aujourd'hui que je me suis battu pour la vraie liberté,

Victor HUGOLIN (âprement, presque en colère)
C'est ainsi que tu vois les choses JEAN MARIE ?
Moi Victor HUGGOLIN, je n'ai voulu que votre bien et je n'ai jamais agi qu'en ce sens. Je suis fier de mon combat. Je suis en paix avec moi-même. Sais-tu que les Békés me détestent en raison de l'amour indéfectible que j'ai envers vous mes enfants ?
Comment peux-tu te rebeller contre ma démarche pour t'assurer à toi et à tes enfants un avenir bien meilleur que celui qui t'attendait durant l'esclavage ?

JEAN MARIE (l'air abattu)
Tu fais mine de ne pas comprendre ou tu crois que je suis suffisamment stupide pour croire en ta prétendue bonne foi ?
Alors, permets-moi de te poser ces questions fort simples.
Les citoyens français sont-ils astreints au travail forcé, sont-ils restreints dans leur liberté de déplacement ? Sont-ils frappés comme des lambis à la moindre infraction ? Doivent-ils en permanence se soumettre au bon ne vouloir de personnes qui se prétendent appartenir à une race supérieure ?
La réponse à ces questions, tu la connais tout autant que moi.
Contrairement à ce que tu penses cher HUGGOLIN, je ne te juge pas. Tu agis avec la vision du monde de ton peuple qui est celle de dominer à tout prix en utilisant toutes les ruses, toutes les armes et tous les mensonges possibles.
Mais quand vous vous croirez au plus fort de votre gloire, la VÉRITÉ se manifestera et toutes vos forteresses idéologiques s'effondreront.

HUGOLIN

Tu ne devrais pas parler de la sorte JEAN MARIE. Les choses évoluent, et bientôt vous et les Békés vous vous réconcilierez. Ainsi, j'ai appris que ta fille a donné naissance à un métis qui donc a du sang blanc dans les veines, il y en a déjà des milliers comme cet enfant en Martinique et il y en aura de plus en plus. De sorte que vous finirez par comprendre que votre salut passe par l'assimilation totale à notre merveilleuse culture occidentale que nous vous offrons afin que nous formions un seul peuple. Vous n'avez pas d'autre alternative que celle de finir par vous attacher à nous ressembler, à penser comme nous. Nos écoles, nos administrations, nos gouverneurs seront là pour vous accompagner dans ce processus. Ceux que tu appelles tes ancêtres sont voués à disparaitre et tu ne pourras plus rien revendiquer en leur nom. Leur mémoire aura été complètement dissoute dans le moule que nous vous avons préparé. Un jour, tes descendants me rendront justice et me vénéreront,

JEAN MARIE (secouant la tête avec un léger sourire)

Mes descendants ne te devront aucune justice ! Tu parles de justice, mais comprends-tu seulement le sens de ce mot ? Comment peux-tu attendre que l'on te rende justice alors que toi et les tiens avez tout fait pour nous couper de nous-mêmes, de notre terre, de notre culture, de nos racines… En quoi cela est-il juste ? Trouves-tu juste qu'après des siècles d'esclavage nous nous retrouvions démunis, sans terre, à la merci des Békés ?

Et parlons-en de mes descendants… Oui, parlons-en... Parmi eux figure déjà mon petit-fils, l'enfant qu'Octavia a mis au monde à la prison où elle est morte. Son père est un blanc créole, mais jamais cet enfant ne sera accepté ni par son père ni par la famille de ce dernier, car vous les blancs vous êtes incapables de voir l'humanité autrement qu'à travers les apparences physiques, une couleur de peau, une nature de cheveux, et autres caractéristiques physiques.

Cet enfant a été accueilli avec amour dans ma famille non pas en raison de sa couleur de peau, mais tout simplement parce que c'est un être humain comme nous, comme son père, sa mère, comme moi et comme toi. Quelle que soit la couleur de sa peau, il est et sera toujours un Noir. Car être noir n'est pas une couleur de peau, mais l'affirmation de notre identité spirituelle. L'affirmation de notre Être véritable.

Nous sommes et resterons sur le chemin de la Vérité, aspirant à la Justice et à l'Harmonie.

Nous arriverons au bout de ce chemin, et alors toutes vos fausses institutions, tous vos faux gouvernements, toutes vos fausses dominations, toutes vos rapines, tous vos édifices, toutes vos illusions, vos vaines gloires se dissiperont pour laisser place à la seule autorité qui existe : La Vie !

Alors qu'HUGOLIN demeure immobile l'air effaré, JEAN MARIE s'éloigne à pas lents.

JEAN MARIE
Au revoir, mon cher HUGGOLIN, comme tu vois, j'ai confiance dans l'avenir de l'Humanité réconciliée dans l'unité et la paix du créateur !!

FIN
Achevé d'écrire le vendredi 24 juillet 2020
C. DUHAMEL

# TABLES DES MATIÈRES

*Cette pièce a été donnée en représentation à deux reprises : les 22 et 23 septembre 2020, en plein air dans les jardins du Parc Aimé Césaire à Fort de France, à l'occasion des cérémonies de Célébration du 150ème Anniversaire de l'Insurrection du Sud de septembre 1870.*

*Tous mes remerciements vont au groupe de jeunes militants, très motivés, encadrés par deux metteurs en scène, improvisés, mais déterminés, qui se sont investis à fond, malgré le laps de temps très court dont ils disposaient, afin que ces deux représentations voient le jour.*

Claudette Duhamel